Theo von Taane

Handball Witze Teil I

Aus der Humor Reihe: „Heute schon gelacht?"

Handball Witze
Teil I !

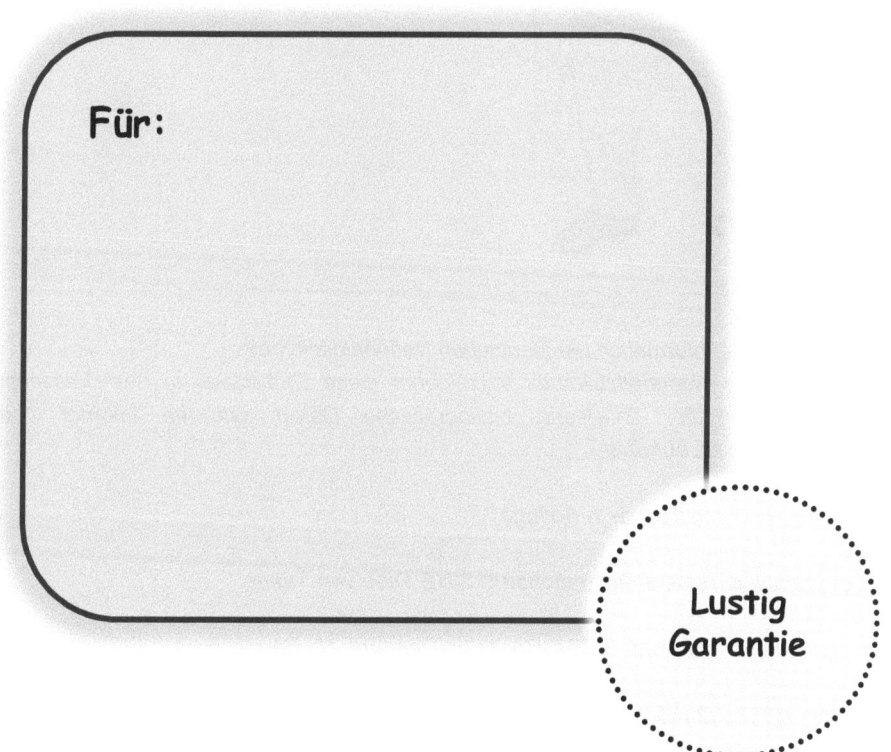

Für:

Lustig
Garantie

Ganz eindeutig, sie sind der Trainer mit dem größten Baugefühl für das Handballspiel!

Bibliografische Information der Deutschen Nationalbibliothek:
Die Deutsche Nationalbibliothek verzeichnet diese Publikation in der Deutschen Nationalbibliografie; detaillierte bibliografische Daten sind im Internet über http://dnb.dnb.de abrufbar.

© 2016 Theo von Taane; 1. Auflage

Covergrafik & Texte & Illustrationen © 2016 Theo von Taane

Herstellung und Verlag: BoD – Books on Demand, Norderstedt

ISBN: 9783732246588

Zwei Clubmitglieder schauen sich ein Handballspiel an, sagt der eine:

„Warum sitzt denn Rüdiger immer noch auf der Bank statt weiterzuspielen?" Darauf der andere:

„Na weil ihm der Trainer gesagt hat er soll auf den richtigen Augenblick zum Angriff warten."

Eine Ziege und ein Esel spielen Handball. Nach einem harten Wurf des Esels landet der Ball auf einem der beiden Hörner der Ziege und wird aufgespießt. Sagt der Esel:

„Macht nichts, das hätte mir auch passieren können."

Treffen sich zwei Irre zum Handball spielen, sagt der eine:

„Ach verdammt wir können nicht spielen."
Sagt der andere:

„Warum nicht, was ist denn los?"

Darauf wieder der andere:

„Wir haben die Würfel vergessen."

Ein Mann beim Arzt. Nachdem dieser alle Untersuchungen abgeschlossen hat, schaut er mit ernster Miene zum Patienten und sagt:

„Ich rate Ihnen dringend sofort mit dem Handballspielen aufzuhören.". Patient:

„Ach Herrje, Herr Doktor steht es so schlimm um mich?"

Arzt: "Das nicht, aber ihre Spielergebnisse lassen keine andere Diagnose zu."

Unterhalten sich zwei Handballspieler, sagt der eine:
„Hast du schon das Neueste gehört?"

„Nein, was denn?"

„Eine Frau wurde von ihrem Mann beim Fremdgehen erwischt. Aus Wut hat er diese solange mit einem Handball beworfen, bis sie in die Notaufnahme eingeliefert werden musste."

„Auweia, und welche Ballmarke hat er verwendet?"

Unterhalten sich zwei Frauen im Restaurant des renomierten Handballclubs, sagt die eine:

„Ja du hast recht dieser schäbige vintage–look ist wieder in, aber die anderen tragen mit Label und du nicht."

Miniquiz für Handballexperten

➜ Wie wird nach Ende eines Handballspiels weitergespielt?

    O groß   O klein
    O im nächsten Absatz   O mit einem Punkt

➜ Das Handballspiel ist zu Ende. Ihre Mannschaft gewinnt die **Seitenwahl**. Wofür entscheiden sie sich?

    O Sonne im Rücken   O Seitenhieb
    O Titelseite   O neue Gitarrenseite

➜ Wie viel wiegt ein **Führungsball**?

    O 3 kg   O sehr schwer im Rückstand
    O im Dunkeln gar nichts   O 10% mehr als Pfostentreffer

➜ Sie benötigen eine **Hammerwurfkraft**. Wo könnten sie sie finden?

    O In der Werkzeugkiste   O Beim Hammer Weitwurf
    O nach dem Bohnenessen O In der Entbindungsstation

➜ Was versteht man unter einem **Siebenmeter**?

    O Tunnelblick auf Sandwich   O 7m Meisterschaftskuchen
    O Maximale Entfernung zum Klo bei Durchfall
    O Neue Olympische Disziplin für Fatties (Küche <-> Sofa)

Frank und Peter unterhalten sich nach ihrem Handballspiel.

Frank: „Und Peter, wie lange spielst du schon Handball?"

Peter: „Seit ungefähr fünf Jahren."

Frank: „Das ist eine lange Zeit, kein Wunder dass du so müde aussiehst."

Ein Handballspieler kommt mit stark bandagiertem Arm in das Clubhaus. Darauf ein Clubmitglied:

„Übertrainiert?".

Darauf der Handballspieler:

„Nein, beim Ausruhen vom Sofa gefallen."

Spricht der Handballprofi zu einem Zuschauer während des Trainings:

„Seit zwei Stunden stehen sie nun schon am Spielfeldrand und schauen mir dabei zu wie ich versuche, meine Wurftechnik zu verbessern. Wie wäre es, wenn sie versuchen würden, selbst mal zu spielen?"

Darauf der Zuschauer:

„Nein danke, dazu bin ich viel zu ungeduldig."

Nach dem Handballspiel kommt der Trainer zur Mannschaft, welche gerade verloren hat und sagt:
„Ich habe euch einen Shuttlebus direkt vor dem Eingang der Anlage bestellt, es wird in 4 Stunden da sein, d.h. ihr musst sofort losgehen um noch rechtzeitig da zu sein."

Acht Anzeichen, dass sie verrückt nach Handball sind

1. Die Ausrichtung ihrer Wohnung geschieht nicht nach Feng Shui sondern nach der Struktur eines Handballplatzes

2. Der Handschlag erfolgt nur noch im high five Prinzip

3. Die Zaunhöhe in ihrem Garten entspricht genau der Maximalhöhe ihres Sprungwurfes

4. Sie kennen alle Spielergebnisse ihres Handballvereins vom Wochenende auswendig, haben aber keine Ahnung, was gerade in der Welt vorgeht.

5. Sie finden es witzig mal etwas anderes anzuziehen als ihre Sportsachen

6. Sie hören bei einem romantischen candle light dinner nur dann ihrem Gegenüber zu, wenn dieser bestimme Schlüsselworte fallen lässt, wie z.B. Siebenmeter, Abknickwurf oder Wurfdreher

7. In ihrem Navi ist ihr Handballclub als Heimatadresse hinterlegt

8. Sie kaufen nur noch Stifte mit eingebauten Mehrwert fürs Handballspielen z.B. mit Druckmessgerät für Handbälle oder Trillerpfeife

Im Ausbildungslehrgang für angehende Handballtrainer.

Ausbilder:
„So nun habt ihr fast alles gelernt bis auf eine ganz wichtige Sache, die für den Erhalt eures Trainervertrages bzw. Kontingentes von großer Bedeutung ist. Bitte setzt jetzt alle eine ernste Miene auf und sprecht mir nach: Du bist ein echtes Talent. Aus dir kann mal was ganz großes im Handball werden."

In der Halbzeit spricht der Trainer zur Mannschaft welche gerade hinten liegt: „So und nun macht ihr mal was ganz Verrücktes."

Spieler: „Was denn?"

Coach: „Trefft ins Tor."

Der Lehrer unterhält sich mit Peter:

„Und Peter was machst du so in deiner Freizeit?"

Peter: „Ich spiele intensiv Handball. Letzte Woche habe ich sogar ein internationales Jugendturnier gewonnen und bin dadurch mit der Mannschaft unter die Top 3 in Europa hochgerutscht."

Lehrer: „Aber Peter, das wusste ich ja gar nicht. Das könnte natürlich deine schlechten Noten in der Schule erklären. Du wirst ja wahrscheinlich jeden Tag trainieren müssen und hast dann kaum noch Zeit für die Hausaufgaben?"

Peter: „Ja genauso ist es. Aber wenn es zu viel wird, dann zieht meine Mutter schon mal den Stecker aus dem PC."

Nach dem Match kommt der Trainer zu seinen Spielern und sagt:

„Ihr habt heute alle Punkte gemacht."

Spieler: „Wieso wir haben doch glatt verloren."

Trainer verärgert: „Ja deswegen ja."

Auf der Zuschauertribüne während eines Handballspiels dreht sich eine Zuschauerin, die einen sehr ausladenden Hut trägt, zu ihrem Hintermann um und fragt:
„Stört sie mein Hut beim Zuschauen?"

Darauf der Mann:

„Nein überhaupt nicht und wenn sie sich wieder nach vorne drehen würden, dann könnte ich auch wieder mein Bier drauf abstellen."

Spricht ein Journalist im Interview zum Handballprofi:

„Man sagt ja durch das viele Training leidet das Allgemeinwissen bei den Profis, da keine Zeit zum Lernen übrig bleibt."

Darauf der Profi: „Nein, das kann ich so nicht bestätigen."

Darauf wieder der Journalist: „Na gut, dann beantworten sie mir bitte die folgende Frage: Wo liegt Russland?"

Darauf der Handballprofi:

„Na, weit kann es nicht sein, da unser Trainer Struganoff jeden Tag zu Fuß zum Training kommt."

Fragt der Journalist den erfolgreichen Handballprofi:

„Und sie haben ihre Karriere ganz alleine ohne Hilfe geschafft?"

Darauf der Handballprofi:

„Das kann man so nicht sagen. Es gab da immer diesen runden Lederball den ich zum Sieg gebraucht hatte."

Nach dem Handballspiel humpelt ein älterer Zuschauer gestützt auf zwei Krücken zu einem der Stürmer der Verlierermannschaft, reicht ihm eine der Krücken und sagt:

„Die brauchen sie dringender als ich."

Auf der Tribüne in der Handballhalle. Kurz nachdem die Namen der beiden Mannschaften genannt wurden, steht einer der Zuschauer abrupt auf und schickt sich an zu gehen, da fragt ihn sein Sitznachbar:

„Wo wollen Sie denn jetzt noch hin, das Spiel beginnt doch jeden Moment."

Sagt der andere: „Habe ich letztes Jahr schon gesehen".

Nach Ende des Matches reibt sich einer der Verteidiger beim Verlassen des Spielfeldes intensiv die Augen, fragt ein Zuschauer:
„Das war also der Grund warum ihre Mannschaft verloren haben, sie hatten Probleme mit den Augen und waren dadurch gehandicaped?"

Darauf der Spieler: „Nein, Schlaf im Auge."

Handball in 100 Jahren

→ Erklärungen/Interviews nach dem Handballspiel führt eine verschwitzte Avatarversion der Handballspieler.

→ Es gibt Duschen direkt auf dem Platz. So dass auch während des Spiels die Spieler sich durch eine schnelle Dusche erfrischen können.

→ Durch mobile Rückenwindmaschinen gibt es einen ordentlichen Rückenwind für den, der gerade im Ballbesitz ist.

→ Ein ausdauernder Frischwindfächler spendet jedem Spieler die ganze Zeit Frischluft indem er ihn das gesamte Handballspiel hindurch mit einem großen Fächer hinterherläuft.

→ Schlechte Stürmer haben nun die Möglichkeit für die entscheidenden Würfe im Rahmen eines Outtaskings einen guten Torschützen zu mieten.

→ Um weiter entfernte Bälle noch erreichen zu können, wird es die Intelligente maschinelle Armverlängerung geben, die sich automatisch über ein entsprechendes Implantat aktiviert.

→ Es wird intelligente Handballbrillen geben, welche just-in-time die aktuelle Spielsituation analysieren und zielgenau Hinweise geben können wohin der nächste ball optimal zu platzieren ist und wohin man danach laufen muss.

→ Es wird eine in den Torpfosten eingebaute Bar geben, welche frische Drinks zusammen mixen kann, die direkt während des Spiels konsumiert werden können.

→ Die Plätze werden für die Gastmannschaft in Richtung generisches Mannschaftstor abschüssig sein, um den Heimvorteil der Heimmannschaft wieder fair auszugleichen.

Bei einem Handballspiel ertönt folgende Hallendurchsage:

„Achtung liebe Gäste, der kleine Peter ist verloren gegangen. Er trägt kurze Hosen und ein blaues Hemd. Falls ihn jemand sieht oder er selbst diese Durchsage hört, bitte umgehend beim Hallensprecher melden….(für einen kurzen Moment nur dumpfes Gemurmel zu hören)…und mir wurde gerade noch mitgeteilt, dass sich Peter auch auf dem Parkplatz aufhalten könnte, er fährt einen blauen Mercedes mit dem Kennzeichen B-WU3578."

Zwei Zuschauer eines Handballspiels unterhalten sich, sagt der eine:

„Ich glaube der linke Verteidiger verwechselt das Spiel mit einem blind date." Fragt der andere:

„Wieso?"

Darauf wieder der andere: „Na weil der wie mit Tomaten auf den Augen spielt."

Bitte daran denken:
Nicht mehr gebrauchte ebooks bitte fachgerecht entsorgen!

Aktuelle Umfrage

‚Benötigen Handballvereine mehr IT Fachexperten?‘

Nein: 0%

Ja: 0

1. If Ja <101 then Ja = Ja +1
2. If Ja <101 then Print ‚Ja:‘Ja‘%‘; Goto 1.
3. end

Ja: 1%

Ja: 2%

Ja: 3%

Ja: 4%

.....

Wie uns die Umfrageergebnisse eindeutig zeigen, erfreuen sich die IT Fachleute im Handballbereich einer wachsenden Beliebtheit.

Anzeige:

Gesucht wird ein neuer Vereinstrainer

Unser neuer Vereinstrainer muss den folgenden Anforderungen gerecht werden:

- Der Vereinstrainer ist auch der Schlüsselträger vom Isolationsraum im Clubhaus, um trainingsunwillige Handballspieler bei Widerspruch als Strafe für gewisse Zeit wegzusperren zu können.

- Bei Reisen mit der 1.Mannschaft zur Saisonvorbereitung muss der Trainer vor Ort im Hotel Küchenarbeit leisten um die Reisekosten für den Verein möglichst gering zu halten.

- Arrangement ‚zufälliger' Unfälle für die Top Player des nächsten gegnerischen Teams.

- Bereitschaft zeigen, sich notfalls wochenlang nicht zu waschen um die Leistung der Gegner in den Verbandsspielen durch gezieltes Stinken negativ zu beeinflussen (z.B. Zuschauen auf der Gegnerseite, Spielernähe suchen durch Stellen von dummen Fragen).

- Beherrschung perfekter Techniken um den Spielern übertrieben lautes Stöhnen, Brüllen, Fluchen bei verlorenen Ballbesitz beizubringen und damit zur Störung der Konzentration der Gegner im Spiel beizutragen.

- Führen einer Hunde- und Katzenpension in der Urlaubszeit für die Tiere der Clubmitglieder.

Traumjobs aus der Handballbranche...

→ Strickmuster-Designer beim Tornetzhersteller

→ Liniensauberlecker auf dem Hallenboden

→ Bälleflicker im Trainingscamp

→ Playback Stöhner bei Fehlwürfen

→ Seiltänzer auf der Freiwurflinie

→ Punktezüchter in der Bundesliga

→ Stirnband-Bodenturner im Torraumbereich

→ Stumpfes Wurfhindernis bei hart ausgeführten Freiwürfen

→ Doppelpartner für den einsamen Torwart

→ Kreisspieler auf der Mittellinie

Neue Jobs braucht das Handball

Die Spielervereinigung hat beschlossen mehr Arbeitsplätze bei den Handballturnieren zu schaffen, um den Komfort für die Spieler zu erhöhen. Nun gibt es:

- Frischwind Zufächler

- Staub von Schuhsohlen Puster

- Schweiß Abtupfer

- T-Shirt in die Hose Stopfer

- Bälle feucht Abwischer

- Schlaf aus Augen Reiber

Darüber hinaus wird der flankierende Einsatz von Hunden zur beschleunigten Apportation von wegrollenden Bällen diskutiert.

Die letzten Worte eines Handballtrainers:

„So nun alle Bälle zu mir."

„Wow Frank, deine Beinarbeit ist einfach fantastisch. Und du hast auch ordentlich abgenommen, mindestens 10 Kilo. Wie schafft man das in nur zwei Wochen?"

Frank: „Das habe ich dem neuen Fitness- und Trainingsprogramm ‚Creme and run' zu verdanken."

Darauf der andere: „Creme and run? Was ist das denn?"

Frank: „Na ja, bevor man auf den Handballplatz geht reibt man sich die Waden mit Speck ein und wenn dann das Training beginnt nimmt der Trainer seinen ausgehungerten Terrier von der Leine."

.

Unterhalten sich zwei Richterkollegen, sagt der eine:
„Also ich finde ja die neu Linie, die Kollege Meyer in seiner Urteilsfindung verfolgt, schon prima.".

Darauf der andere:
„Na ja, aber bei jeden Fall immer gleich die gelbe Karte zu zeigen und eine 2 Minutenstrafe anzudrohen…da merkt man dann schon seine Vergangenheit als Schiedsrichter beim Handball."

„Vielleicht sollte einer mal dem Ersatzschiedsrichter sagen, dass wir hier nicht beim Tennis sondern beim Handballspiel sind."
Darauf der andere:
„Wieso?"
„Na hör mal, es gibt beim Handball keinen Aufschlag, und jedes mal ‚1st Serve, quiet please' zu rufen, wenn ein Siebenmeter geworfen werden soll geht nun gar nicht."

Im Handballspiel. In der Halbzeit geht einer der Spieler auf den Schiedsrichter zu und drückt ihm einen Euro in die Hand. Schiedsrichter:

„Wie soll ich das denn bitte verstehen?" Spieler:

„Naja, ich dachte mir dass es sehr anstrengend für sie sein muss mehrere Stunden hier gelangweilt rumzustehen. Das müssen sie sich doch nicht antun als 1 Euro Jobber. Jetzt haben sie den Euro und können gehen wohin sie wollen."

Unterhalten sich zwei Handballspieler, sagt der eine:
„Schau dir mal die Spieler der Seniorenmannschaft des gegnerischen Vereins an, sehen ziemlich grottig aus."
Sagt er andere:
„Ach so, und ich dachte schon der Friedhof um die Ecke hätte heute Wandertag."

Geheime Techniktipps

- Schaffen sie mehr Sicherheit für ihrem Freiwurf durch beidhändiges Werfen des Balles durch die eigenen Beine. Es werden ihnen außerdem die erstaunten Blicke der Zuschauer ganz gewiss sein.

- Behalten sie beim Annehmen des Balles die Raumübersicht, indem sie diesen niemals zuerst mit den Händen fangen, sondern stattdessen mit der Brust annehmen und den Ball erst dann in ihre Hännden fallen lassen. Lassen sie sich nicht beirren durch die vielen Bälle, die Ihnen ihre Gegner dann zuwerfen werden, gemessen in einer Lifetime Scorecard wird ihre Mannschaft langfristig die Nase (n) vorne haben.

- Bei Spielern mit zwei linken Füßen wird von einer rechten Verteidigerposition dringend abgeraten.

„Also Herr Schulz die renovierten Clubräume sind wirklich toll, eine richtige Augenweide. Und auch diese moderne Inneneinrichtung ist schon sehr schick. Am beeindruckendsten finde ich allerdings dieses imposante 3-D Handballbild, man könnte fast den Eindruck bekommen die Spieler bewegen sich."

Darauf Herr Schulz:
„Ihr Eindruck stimmt, allerdings ist dies kein 3-D Bild sondern das Panoramafenster, das hinaus auf einen der Nebenplätze zeigt, auf welchem gerade unsere Seniorenmannschaft spielt, und die sind immerhin im Schnitt schon über 80 Jahre alt."

Wussten sie schon, dass das traditionelle **Mannschaftsessen** nach einem Ligamatch kulturell unterschiedlich verstanden werden kann, so verstehen beispielsweise Kannibalen etwas völlig anderes hierunter als in unseren Breitengraden.

Kurz vor den Verbandsspielen wurden noch die Clubräume renoviert und unter anderem wurde über fünf Garderobenhaken ein Schild angebracht mit der Aufschrift

„Nur für die 1. Herrenmannschaft".

Später in der Saison, nachdem die 1.Herrenmannschaft auch noch das letzte Verbandsspiel verloren hatte, klebte plötzlich am nächsten Tag ein Sticker darunter:

„Auch für Kleidung und Taschen verwendbar".

Wussten sie schon, dass Handballprofis trotz kindischen Verhaltens kein Kindergeld für ihre im Match produzierten Hampelmänner beantragen dürfen?

„Weißt du schon das Neueste?"

„Nein, was denn?"

„Peter Maier unserem Vorstand geht es momentan nicht gut, ein dutzend Gläubiger sind hinter ihm her, ihm steht das Wasser bis zum Hals."

„Ja das habe ich auch gehört und morgen will er untertauchen."

Zwei Irre spielen Handball, wundert sich der eine, dass der Handball nicht passt, sagt der:

„Das ist wirklich das Komische an Handball."

Fragt der andere: „Was denn?"

„Na, die verkaufen Bälle, die nicht in die Löcher passen und dann stehen auch noch Fähnchen mitten drin."

Beim Frauenhandball. In der Halbzeit bemerkt eine der Damen dass der begehrte Dr. Frank zugeschaut hat und fragt ihn:

„Hallo Herr Doktor wie finden sie mein Handballspiel?"

Darauf der Doktor: „Aber meine Teuerste, sie wissen doch als Arzt unterliege ich der Schweigepflicht."

„Hallo Klaus, weißt du warum mehrere Spieler andächtig mit gefalteten Händen vor dem Tor stehen?"

Klaus: „Da nach den GPS-Koordinaten des neuen billig Smartphones von Frank, sich genau dort die heilige Anlage des Petersdom in Rom befinden müsste."

Zwei Handballspieler aus verschiedenen Mannschaften trainieren an diesem Wochenende zusammen. Der eine hat einen kleinen Hund dabei und jedes mal wenn sein Herrchen gut wirft macht dieser ein kleines Wuff und wenn er ins Tor trifft sogar einen kleinen Salto. Meint der andere:

„Und was macht er wenn Du mal nicht gewinnst?".

Darauf wieder der eine: „Dann fängt er an zu fliegen."

Der andere: „Das ist ja phänomenal. Wie weit denn?".

Darauf wieder der eine: „Je nachdem wie ruhig er sich verhält während ich ihn werfe."

Das Handballspiel hat gerade begonnen. Plötzlich spricht einer der Spieler zu einem neben ihm stehenden Spieler der anderen Mannschaft:
„Schauen Sie mal den Krankenwagen, der kommt sicher wegen der hochschwangeren Frau dort drüben. Na, hoffentlich ist noch nicht die Fruchtblase geplatzt."
Darauf macht der andere mit seinen Armen ausladende Winkbewegungen durch das große Panoramafenster hindurch, um dem Krankenwagen aus der Entfernung zu signalisieren, wo dieser am besten halten kann.
Dann geht das Spiel weiter. Nach dem Spiel meint noch der eine Handballspieler:
„Das war wirklich nett von Ihnen dem Krankenwagen zu helfen, schneller einen Halteplatz zu finden."
Darauf der Spieler der anderen Mannschaft: „Ja selbstverständlich, immerhin handelt es sich bei der Schwangeren um meine Frau."

Die drei Familienväter Paul, Frank und Peter spielen jeden Sonntag früh zusammen Handball. Diesen Sonntag ist Ostersonntag und alle sind überrascht, dass es trotz Familienzwang jeden gelungen ist, zum Treffen zu kommen.

Paul: „Ich habe meiner Frau einen teuren Wellness-Gutschein geschenkt."

Frank: „Meine Frau hat von mir einen silbernen Anhänger bekommen, den sie schon immer haben wollte."

Peter: „Ich habe gestern Abend ausgiebig Knoblauch gegessen und bereits heute früh um sechs stand wie von Zauberhand meine Trainingstasche direkt neben der Tür fertig gepackt zum Abmarsch bereit."

Clubtätigkeiten

(und wie sie **nicht** vergeben werden sollten)

Hallenwart: Tunichgut mit Schnarchzapfen Diplom

Schiedsrichter: Hans-guck-in-die-Luft

Clubsekretariat: Gewitterziegen mit Schreckschraubenappeal

Clubtrainer: Luftgitarrist

Trainingsteam: In Schießbudenfiguren konvertierte HB-Männchen

Vorstand: Jammerlappen

Finanzen: Raffzähne und falsche Fünfziger

Koch Clubrestaurant: Spaghettisultan

Betreiber Club Shop: Marktschreier mit dubioser Im- und Export Expertise

Oberschiedsrichter: Perückenschaf mit Schlafkappenattitüde

Organisator Events: Fatalisten

Clubkommunikation: Quatschköpfe mit großem Tratschmaul

Mannschaftsführer: Als Klabautermänner verkleidetet Psychopaten

1. Junioren:	Königsberger Klopse mit Baumschulzeugnis
1. Juniorinnen:	Als Zimperliesen geoutete Milchmädchen
1. Herren:	Platzhirsche
1. Damen:	Wuchtbrummen
1. Senioren:	Tattergreise mit Zauselgarantie
1. Seniorinnen:	Schabracken mit Schrulleffekt

Wussten sie schon, dass Freizeithandball unter Handballprofis keine Verbreitung findet?

Spruch

„Den aktivsten Part in eurem Handballspiel heute hatte das Netz eures Tores."

Hast du schon gehört dass man jetzt Teile unserer Handballplatzes ideell kaufen kann? Man kann einen Namen vergeben, bekommt sogar eine Urkunde. Nette Sache als Geschenk. Und der Verein kann mit den Einnahmen das Clubhaus renovieren."

„Theoretisch hast du recht. Aber es gibt hier ein paar Mitglieder die das ganze etwas zu ernst nehmen."

„Wieso?"

„Na schau doch mal rechts auf den Platz, hier haben sich die Müllers den Torraum gekauft und gleich komplett umzäunt."

Zwei Clubmitglieder schauen sich das Handballspiel von Nachwuchsspielern der U18 an, sagt der eine zum anderen:

"Also ich finde, dass die Taktik von Peters Angriffsspiel dem eines Schachspiels ähnelt."

„Aber dann muss er wohl der König sein, da er nie mehr als einen Schritt in Richtung Ball läuft."

Sitzen zwei Hühner auf einern Ast und schauen bei einem Handballspiel zu, sagt das eine:

„Mann, diese Kondition, das geht jetzt schon fast anderthalb Stunden so."

Sagt das andere Huhn: „Ja, das hätte ich Pauline auch nicht zugetraut, die hat nach dem ganzen umher Gewerfe schon gar keine Federn mehr."

„Sag mal warum steht denn die ganze Mannschaft schweigend vor dem linken Tor mit gefalteten Händen, gesenkten Kopf und abgenommenen Mützen?"

„Na weil wir uns dort im letzten Ranglistenspiel das entscheidende Tor gegen den Klassenerhalt eingefangen haben und diesem nun die letzte Ehre erweisen."

„Und warum stehen dann alle Mannschaftsspieler da und nicht nur die Verteidiger und der Torwart?"

„Die anderen stellen den Vollzug sicher.

Nach dem Handballspiel spricht der Clubvorstand vor versammelter Mannschaft:

„Wir haben zwar heute nicht gewonnen, aber nach dieser Vorstellung bin ich schon froh, dass keiner bei dem Versuch an den Ball zu kommen gestolpert und tödlich aufgeschlagen ist.

Anzeige:

Gesucht wird ein neuer Mannschaftsspieler

Unser neuer Mannschaftsspieler muss den folgenden Anforderungen gerecht werden:

- Muss sich genau über die Spieler der gegnerischen Mannschaft informieren, um durch gezielte Gemeinheiten und treffende Beleidigungen die Gegenspieler zu verunsichern.

- Hat schauspielerisches Können nachzuweisen. Für einen taktischen Spielabbruch sind Erfahrungen in Simulation von Herzattacken und psychopathischen Ausrastern mit massiven Bedrohungsgesten Richtung Gegenspieler erforderlich.

- Soll über Fähigkeiten als Entertainer bzw. auch Pausenclown verfügen zwecks Hebung der Stimmung und Moral der Mannschaft in den Halbzeiten.

Der kleine Andreas war das erste Mal auf einem Handballplatz und hat seinen Vater beim Handballspielen zugeschaut. Anschließend prahlte er:

„Mein Vater ist der beste Handballtorwart auf der Welt. Er hat die meisten Bälle mit seinem Netz fangen können."

Trainer zu seinem Team nach dem Verbandsspiel auf dem Gelände des anderen Vereins:

„Um euren Gegner schlagen zu können solltet ihr ihn auch psychologisch gut einschätzen können. Wenn ihr z.B. merkt, dass er wütend ist und jeden Ball mit großer Wucht werfen möchte, dann lasst ihn immer fast an den Ball rankommen, dass macht ihn dann so wütend, dass wenn er dann tatsächlich in Ballbesitz kommt, er dann so gesteigert wütend ist, dass er dann den Ball mit dem nächsten Wurf garantiert ins Aus befördert. Hier zum Beispiel, nehmen wir diesen Spieler dort drüben in der Seniorenmannschaft, wie würdet ihr seine psychologische Verfassung einschätzen?" Darauf eines der Teammitglieder:

„Stark übernächtigt, Trinkerseele, humpelt leicht durch Knieverletzung, hat also Null Kondition und Beweglichkeit. Bei diesem Spieler reicht es, sich den Ball mit einem Teamkollegen hin- und her zu werfen und ihn einfach laufen zu lassen."

Trainer:

„Das ist ja toll analysiert, woraus entnehmen sie denn die ganzen Details?" Teammitglied: „Na ich werde ja wohl meinen eigenen Onkel kennen."

Zwei Handballväter beobachten das Spiel ihrer Söhne beim Jugendtraining, sagt der eine:

„Also wenn man ihren Sohn auf dem sandigen Feldhandballplatz trainieren sieht, merkt man schon dass er in seinem Element ist."

„Wie meinen sie das?"

„Na, das mit dem Sand und dem Schlafen kennt er ja schon recht gut vom Sandmännchen her."

„Hallo Herr Meyer wissen sie warum uns der Trainer zuruft, wir sollen unsere handys und smartphones ausschalten?"

Meyer:
„Na offenbar möchte den aktuellen Höhenflug der Mannschaft nicht gefährden und durch das Mobilfunkverbot, wie in einem Flugzeug, den typischen Absturz in den letzten 15 Minuten des Spiels vermeiden."

„Mensch ihr Sohn hat ja eine tierische Geschwindigkeit beim Stürmen drauf, vergleichbar mit....wie heißt noch einmal das Tier mit dem Panzer auf dem Rücken?"

„Hallo Herr Meyer, sagen sie mal weshalb kniet denn unser Trainer auf dem Hallenboden und schaut permanent nach unten?"

Meyer:
„Er sucht das Körnchen Glück, dass ihm fehlte um das letzte Handballspiel zu gewinnen."

„Hallo Herr Müller dass sie ihren Hund mit zum Handballspiel nehmen ist grundsätzlich in Ordnung, aber dass er nach jedem Stemmwurf die Torpfosten neu markiert geht nun wirklich zu weit."

Während der Halbzeit der Trainer seinen Spielern:

„Also ihr müsst euch nun langsam mal entscheiden, welchen Karriereweg ihr einschlagen wollt. Entweder das weltbeste Slapstick-Kabarett Ensemble werden oder die Gewinner dieses Spiels. Beides gleichzeitig geht nicht."

Zwei alte Herren unterhalten sich nach ihrem Handballspiel. Sagt der eine:
„Hast du meinen Siebener gesehen, das war ein Wurf wie in jungen Jahren." Darauf der andere:
„Na ja, aber den Herzanfall hatte der Torwart schon bekommen noch bevor du ausgeholt hattest."

Handbälle im Mülleimer

„Wer schwankt hat mehr vom Weg!"
ISBN: 9783734758614

Bauchredner

Jetzt nochmal zum Mitschreiben. Ich bin nicht ihre Puppe ‚Johnny', sondern der Zuschauer den sie vorhin für einen Trick auf die Bühne gebeten haben. Bitte lassen sie mich jetzt gehen.

Ich weiß zwar nicht wie ich das mache, aber es ist das genialste was ich je geschafft habe.

Du bist ja so kalt. Iiiihhhhh!! Hilfe, mein Mann hat sich in eine Puppe verwandelt!

„Wer schwankt hat mehr vom Weg!"
ISBN: 9783734758614

Masseur

Als Masseur habe ich schon viel gesehen und erlebt. Aber es gibt die eine Sache die wir überhaupt nicht leiden können.

Ach, und die wäre?

Anpupen!!!

Zoo

Nein, es ist vollkommen ok, sich einen Pinguin aus dem Zoo mitzunehmen!

„Grammatik bei Meister Yoda
ich hatte!"
ISBN: 9783734758584

„Grammatik bei Meister Yoda ich hatte!"

ISBN: 9783734758584

Gott

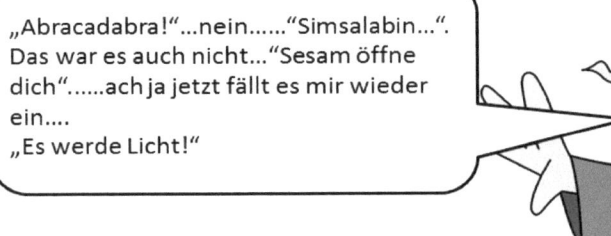

Englischlehrer

„80% meiner Freizeit verbringe ich hilflos in Drehtüren!"
ISBN: **9783735758125**

> **<u>Untertagewerk</u>** – Das Leben ist hart, bisher hat es noch keiner überlebt!

Auf dem Friedhof

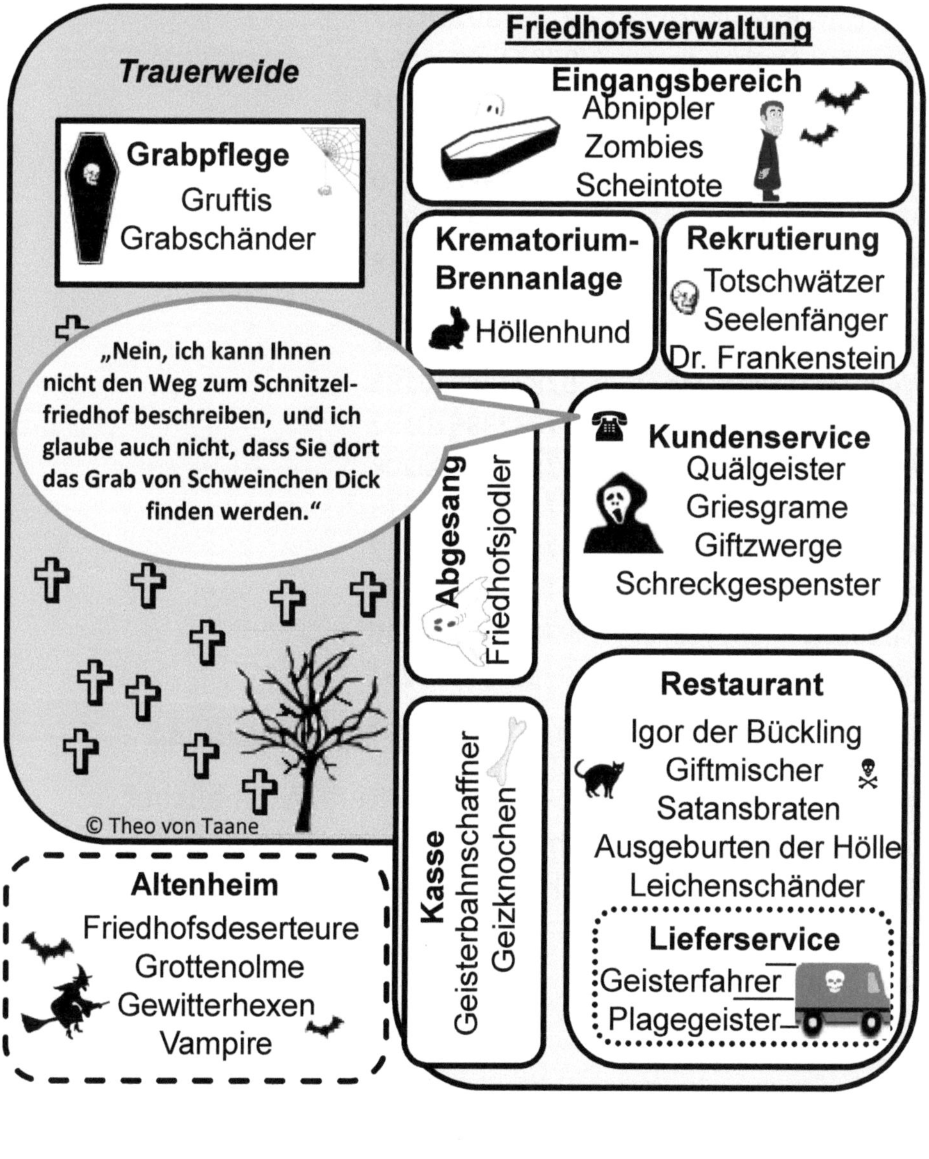

Friedhofsverwaltung

Trauerweide

Grabpflege
Gruftis
Grabschänder

Eingangsbereich
Abnippler
Zombies
Scheintote

Krematorium-Brennanlage
Höllenhund

Rekrutierung
Totschwätzer
Seelenfänger
Dr. Frankenstein

„Nein, ich kann Ihnen nicht den Weg zum Schnitzelfriedhof beschreiben, und ich glaube auch nicht, dass Sie dort das Grab von Schweinchen Dick finden werden."

Abgesang
Friedhofsjodler

Kundenservice
Quälgeister
Griesgrame
Giftzwerge
Schreckgespenster

Restaurant
Igor der Bückling
Giftmischer
Satansbraten
Ausgeburten der Hölle
Leichenschänder

Kasse
Geisterbahnschaffner
Geizknochen

Lieferservice
Geisterfahrer
Plagegeister

© Theo von Taane

Altenheim
Friedhofsdeserteure
Grottenolme
Gewitterhexen
Vampire

Weitere Bücher von Theo von Taane

Titel	ISBN
Minecraft Witzebuch	9783738612332
Minecraft Witzebuch 2	9783739211206
Minecraft Witzebuch 3	9783739211305
Minecraft Witzebuch 4	9783739222394
Minecraft Rätselbuch	9783739218267
Minecraft Notizbuch	9783738628852
Minecraft Offline Games	9783738647204
Minecraft Passwort Logbuch	9783739222240
War Stars Witzebuch I	9783739213903
War Stars Witzebuch II	9783739209838
The Walking Dad Witzebuch	9783739213507
Weltbester Skifahrer	9783738610185
Weltbester Snowboarder	9783738610192
Weltbester Sportler	9783738610208
Weltbester Surfer	9783738610215
Weltbester Taucher	9783738610222
Weltbester Tennisspieler	9783738610239
Weltbester Volleyballer	9783738610246
Weltbester Wassersportler	9783738610253

...weitere Titel verfügbar und aktuell in Vorbereitung

Von Theo von Taane gibt es noch weitere Witzebücher, Spiele, Kalender etc. als hier aufgeführt sind.
Einfach mal im Store nach ‚von Taane' suchen.

Viel Spaß!